Liane Probst

Im Tränensee schwimmen lernen

Trauer um Haustiere

Trauer verstehen

Trauer bearbeiten

Trauer integrieren

Praxishandbuch für Trauernde und Trauerbegleiter

Liane Probst

Trauer um Haustiere

Gerade eben warst du noch hier

Jetzt bist du dort

Dein Platz ist leer

Überall sehe ich deine Spuren

Und fühle, wie sehr du mir fehlst

Noch sind die Räume erfüllt

Von deinem Wesen

Deiner Nähe

Deinem Geruch und deiner Liebe

Etwas wird bleiben, wovon ich leben kann

Liane Probst

Herstellung und Verlag:
BoD – Books on Demand, Norderstedt
ISBN: 978-3-7494-8139-2

Im Tränensee schwimmen lernen

Trauer um Haustiere

Ein Ratgeber, Aufklärer und Beistand rund um das (Tabu)-Thema Trauer.

Das vorliegende Buch will Ihnen helfen, Trauer zu verstehen, zu verarbeiten und Ihre Erinnerungen wachzuhalten. Es führt Sie in die wesentlichen theoretischen Grundlagen des Trauergeschehens ein und verdeutlicht, was es bedeutet:

„EINLASSEN anstatt LOSLASSEN"

Durch tiefes Verständnis für die Trauer, verbunden mit praktischen Übungen, unterstützt es den Leser auf seinem Trauerweg.

Die Autorin, Liane Probst, arbeitet seit 20 Jahren als Psychologischer Coach, Systemischer Coach, sowie als Dozentin für Trauergeschehen, Psychotherapeutische Gesprächsführung, Burnout, Mobbing und Depressionen. Sie hält Fortbildungen in Kommunikation, Trauer- und Sterbebegleitung.

Ebenso ist sie seit 20 aus tiefster Leidenschaft als freie Trauerrednerin tätig und begleitet Trauernde auf deren neuem Weg – zurück ins Leben.

In ihrem täglichen Umgang mit Tod, Verlust und Trauer begleitet sie mit ihrer einfühlsamen Art Betroffene, um Raum für das zu schaffen, was den Menschen in seinem Innersten berührt.

Denn in einer Gesellschaftsform, in der nur noch Schönheit, Perfektionismus, Schnelllebigkeit, Spaß und Leistung zu zählen scheinen, bleibt meist wenig Platz für Trauer und tragende Riten.

Mit Seminaren, Gesprächen, Workshops und mithilfe dieses Buches möchte die Autorin daran erinnern, dass es wichtig ist, Trauer zuzulassen.

Inhaltsverzeichnis

Was Ihnen dieses Buch bietet und wofür Sie es nutzen können

- Aufklärung
- Nützliches Basiswissen
- Ratgeber
- Übungen
- Hausaufgaben
- Um die eigene Trauer kennenzulernen

Bevor Sie mit dem Lesen beginnen, kaufen Sie sich bitte ein Tagebuch oder ein Heft, das stets in Ihrer Nähe liegt, um wichtige Gedanken, Inspirationen und Impulse notieren zu können, die Sie beschäftigen.

Das Märchen von der traurigen Traurigkeit

Es war einmal eine kleine Frau, die einen staubigen Feldweg entlanglief. Sie war offenbar schon sehr alt, doch ihr Gang war leicht und ihr Lächeln hatte den frischen Glanz eines unbekümmerten Mädchens.

Bei einer zusammengekauerten Gestalt, die am Wegesrand saß, blieb sie stehen und sah hinunter. Das Wesen, das da im Staub des Weges saß, schien fast körperlos. Es erinnerte an eine graue Decke mit menschlichen Konturen. Die kleine Frau beugte sich zu der Gestalt hinunter und fragte: "Wer bist du?"

Zwei fast leblose Augen blickten müde auf. "Ich? Ich bin die Traurigkeit", flüsterte die Stimme stockend und so leise, dass sie kaum zu hören war.

"Ach die Traurigkeit!" rief die kleine Frau erfreut aus, als würde sie eine alte Bekannte begrüßen.

"Du kennst mich?" fragte die Traurigkeit misstrauisch.

"Natürlich kenne ich dich! Immer wieder einmal hast du mich ein Stück des Weges begleitet."

"Ja aber ...", argwöhnte die Traurigkeit, "warum flüchtest du dann nicht vor mir? Hast du denn keine Angst?"

"Warum sollte ich vor dir davonlaufen, meine Liebe? Du weißt doch selbst nur zu gut, dass du jeden Flüchtigen einholst. Aber, was ich dich fragen will: Warum siehst du so mutlos aus?"

"Ich ..., ich bin traurig", sagte die graue Gestalt.

Die kleine, alte Frau setzte sich zu ihr. "Traurig bist du also", sagte sie und nickte verständnisvoll mit dem Kopf. "Erzähl mir doch, was dich so bedrückt."

Die Traurigkeit seufzte tief. "Ach, weißt du", begann sie zögernd und auch verwundert darüber, dass ihr tatsächlich jemand zuhören wollte, "es ist so, dass mich einfach niemand mag. Es ist nun mal meine Bestimmung, unter die Menschen zu gehen und für eine gewisse Zeit bei ihnen zu verweilen. Aber wenn ich zu ihnen komme, schrecken sie zurück. Sie fürchten sich vor mir und meiden mich wie die Pest."

Nun schluckte die Traurigkeit schwer. "Sie haben Sätze erfunden, mit denen sie mich bannen wollen. Sie sagen: 'Papperlapapp, das Leben ist heiter' und ihr falsches Lachen führt zu Magenkrämpfen und Atemnot. Sie sagen: 'Gelobt sei, was hart macht' und dann bekommen sie Herzschmerzen. Sie sagen: 'Man muss sich nur zusammenreißen' und sie spüren das Reißen in den Schultern und im Rücken. Sie sagen:

'Nur Schwächlinge weinen' und die aufgestauten Tränen sprengen fast ihre Köpfe. Oder aber sie betäuben sich mit Alkohol und Drogen, damit sie mich nicht fühlen müssen."

"Oh ja", bestätigte die alte Frau, "solche Menschen sind mir auch schon oft begegnet ..."

Die Traurigkeit sank noch ein wenig mehr in sich zusammen. "Und dabei will ich den Menschen doch nur helfen. Wenn ich ganz nah bei ihnen bin, können sie sich selbst begegnen. Ich helfe ihnen, ein Nest zu bauen, um ihre Wunden zu pflegen. Wer traurig ist, hat eine besonders dünne Haut. Manches Leid bricht wieder auf, wie eine schlecht verheilte Wunde, und das tut sehr weh. – Aber nur, wer die Trauer zulässt und all die ungeweinten Tränen weint, kann seine Wunden wirklich heilen. Doch die Menschen wollen gar nicht, dass ich ihnen dabei helfe. Stattdessen schminken sie sich ein grelles Lachen über ihre Narben. Oder sie legen sich einen dicken Panzer aus Bitterkeit zu."

Die Traurigkeit schwieg. Ihr Weinen war erst schwach, dann stärker und schließlich ganz verzweifelt. Die kleine, alte Frau nahm die zusammengesunkene Gestalt tröstend in ihre Arme. Wie weich und sanft sie sich anfühlt, dachte sie und streichelte zärtlich das zitternde Bündel.

"Weine nur, Traurigkeit", flüsterte sie liebevoll, "ruh' dich aus, damit du wieder Kraft sammeln kannst. Du sollst von nun an nicht mehr alleine wandern. Ich werde dich begleiten, damit die Mutlosigkeit nicht noch mehr Macht gewinnt."

Die Traurigkeit hörte auf zu weinen. Sie richtete sich auf und betrachtete erstaunt ihre neue Gefährtin:

"Aber ..., aber – wer bist eigentlich du?"

"Ich?" fragte die kleine, alte Frau schmunzelnd. "Ich bin die Hoffnung."

(Nach Inge Wuthe)

*****

Plötzlich ist alles anders

Eine Welt ist zusammengebrochen und es scheint, als hätte sie aufgehört, sich zu drehen: Ihr Haustier ist gestorben.

Vielleicht starb es plötzlich und überraschend durch einen Unfall, aufgrund des Alters, an einer kurzen, aber schweren Krankheit oder Sie begleiteten Ihren Hausgenossen auf einem langen, schmerzvollen Leidensweg.

Für viele Haustierbesitzer ist es ein einschneidendes und sehr trauriges Erlebnis, das eine tiefe Leere hinterlässt. Auf einmal heißt es Abschied nehmen von einem treuen Freund, Verbündeten und geliebten Weggefährten. Ob Hund, Katze, Hase, Pferd – welches Tier auch immer ein wichtiger Teil Ihres Lebens war: Es gehörte zu Ihnen, teilte das Leben mit Ihnen, verurteilte nie, hörte zu, tröstete, schmuste, brachte Sie zum Lachen, schenkte Ihnen Geborgenheit und Nähe in allen traurigen und glücklichen Momenten.

Hunde und Katzen können locker älter als zehn Jahre werden und begleiten ihre Besitzer daher oft eine sehr lange Zeit und in unterschiedlichen Phasen ihres

Lebens. Sie wechseln die Wohnung mit ihnen, bleiben, wenn der Partner geht oder stirbt.

Tiere wachsen uns ans Herz – und eines ist klar: Der Verlust eines geliebten Tieres hinterlässt eine riesengroße Lücke. Kaum etwas fürchten Tierbesitzer mehr, als dass ihr treuer Begleiter sterben könnte.

Es war eine bedingungslose Liebe.

In der heutigen Zeit, in der immer mehr Menschen ohne Partner oder Kinder leben, ersetzt das Haustier oftmals ein Familienmitglied. Aber auch in Familien mit Kindern gehören Hund oder Katze zum Alltag, sind Spielgefährten, Seelentröster, Bezugspersonen, engste Vertraute, Geheimnisträger. Kein Wunder, dass sich der Verlust nur schwer verkraften lässt.

Neben dieser intensiven Trauer, die zurückbleibt, müssen Sie nun vielleicht zudem noch mit dem Unverständnis Ihrer Mitmenschen kämpfen. Ihr Umfeld versteht Sie nicht, schüttelt den Kopf und versucht Ihnen vielleicht sogar, Ihre Trauer abzusprechen. Es wird erwartet, dass Sie innerhalb kürzester Zeit wieder die oder der „Alte" sind, dass Sie aufhören, den Verlust zu betrauern. Denn solange Sie trauern, werden Sie als schwach und unbequem empfunden.

Doch Ihre Mitmenschen täuschen sich! Sie unterliegen einem signifikanten Irrtum!

Trauern zu können, ist eine Stärke und erfordert nicht nur Schwerstarbeit, sondern viel Mut: Mut, sich den schmerzvollen Gefühlen zu stellen. Mut, nicht darauf zu warten, dass die Zeit schon irgendwann einmal alle Wunden heilen wird. Mut, Tränen fließen zu lassen, anstatt sie mit Lachen und gestellter Fröhlichkeit zu überdecken.

Ich danke allen,
die mir jetzt nicht ausweichen.
Dankbar bin ich für jeden,
der mir einmal zulächelt
und mir seine Hand reicht,
wenn ich mich verlassen fühle.
Dankbar bin ich denen,
die mich immer noch besuchen,
obwohl sie Angst haben,
etwas Falsches zu sagen.

Dankbar bin ich allen,
die mir erlauben,
von dem Verstorbenen zu sprechen.
Ich möchte meine Erinnerungen
nicht totschweigen.
Ich suche Menschen,
denen ich mitteilen kann,
was mich bewegt.

Ich danke allen,
die mir zuhören,
auch wenn das,

was ich zu sagen habe,

sehr schwer zu ertragen ist.

Dankbar bin ich denen,

die mich nicht ändern wollen,

sondern geduldig so annehmen,

wie ich jetzt bin.

Dankbar bin ich allen,

die mich trösten

und mir zusichern,

dass ich nicht alleine bin

Die Trauer die nicht spricht, nagt am Herzen, bis es bricht

Trauer ist ein sehr komplexer Prozess, der den Betroffenen nicht nur mit der Bandbreite der Gefühle konfrontiert, sondern verunsichert, verängstigt und verwirrt. Sie fühlen sich hilflos, wütend, allein.

Ich möchte Ihnen mit diesem Buch helfen, Trauer zu verstehen. Möchte Sie aufklären und in Ihrer Trauer unterstützen. Trauer birgt nämlich die Gefahr des Steckenbleibens in sich. Um sie wieder ins Fließen zu bringen, nützen kleine Übungen und Rituale.

Das Trauergeschehen sollte auf keinen Fall verschleppt oder ignoriert werden. Dies dient ausschließlich der Verzögerung und kommt oft mit geballter Macht zurück, wie ein Bumerang.

Auch wenn es weh tut – lassen Sie Ihren Schmerz zu, weinen, schreien und klagen Sie. Leben Sie Ihre Trauer. Sie hilft zu verarbeiten und zu begreifen.

Viele Menschen versuchen ihre Gefühle zu unterdrücken. Besonders in der Trauer.

Das hat mehrere Gründe:

- Sie haben nie gelernt, Gefühle zuzulassen, zu kommunizieren
- Sie verbieten es sich selbst, da sie einmal enttäuscht wurden
- Sie machen sich dadurch verletzlich
- Sie glauben, die Kontrolle zu verlieren

Ich unterstütze Sie bei Ihrem Trauerprozess und bin in diesem Buch immer für Sie da.

Leitgedanken zur Trauer

1. Trauer ist eine völlig natürliche Antwort auf einen erlebten Verlust

2. Trauer zuzulassen ist eine Stärke, keine Schwäche

3. Trauer führt Sie zu Ihrem Innersten und zeigt, dass Sie lebendig sind

4. Kein Weg führt an der Trauer vorbei, man kann sie nicht „abschütteln"

5. Trauer wartet immer darauf, durchgangen zu werden

6. Trauer ist keine Krankheit, deshalb mit medizinischen Mitteln nicht wegzutherapieren

7. Trauerarbeit bedeutet oft ein Chaos an Gefühlen

8. Trauer braucht Zeit

9. Trauer benötigt Wege des Ausdrucks

10. Trauer wirkt heilend, sie birgt enorme Lebensenergie

11. Trauer ist eine Chance, menschlich zu reifen

12. Trauer verändert sich: aus Schmerz wird Dankbarkeit

*****

War doch nur `n Hund

_____

_____

- „Kauf dir eine neue Katze"
- „Man trauert doch nicht so lange um ein Haustier"
- „Wird schon wieder"
- „Du musst endlich loslassen"
- „Jetzt übertreibst du aber"
- „War doch Erlösung"
- „Er hatte ein stolzes Alter"
- „Such dir ein Hobby"
- „Geh mal wieder unter Leute"
- „Du trauerst um ein Tier?!"

Welcher Betroffene kennt sie nicht, diese leeren Phrasen, Gesprächskiller und Rat-SCHLÄGE?

Für Sie unfassbar! Denn noch immer ... hören Sie das Schnurren und Miauen der Katze, spüren das weiche Fell, wenn sie auf Ihrem Schoß lag und Sie sie streichelten ... blicken Sie auf das leere Körbchen, die

Decke, den Futternapf, das Lieblingsspielzeug ... hören Sie das Bellen Ihres Hundes, dessen Gestalt Ihnen noch so vertraut und gegenwärtig ist ... vermissen Sie, wie er an Ihnen hochsprang, das Gassigehen, die Zeiten des Fütterns, alles, was Ihnen Halt und Struktur an jedem einzelnen Tag gab. In jeder Ecke lauern Erinnerungen und damit verbundener Schmerz.

*****

Trösten ist eine Kunst des Herzens. Sie besteht oft nur darin, liebevoll zu schweigen und schweigend mitzuleiden

Dennoch müssen sich Trauernde die oben genannten Sätze und viele weitere anhören, wenn sie versuchen, über ihre Gefühle zu sprechen, um ihre Trauer zu verarbeiten. In manchen Fällen zwar gut gemeint, zeugen die aufmunternden Sprüche eher von Ignoranz und Mangel an Empathie.

Sie dagegen hoffen – meist vergeblich – auf ein offenes Ohr, auf jemanden, der Gefühle und Erinnerungen mit Ihnen teilt oder zumindest versucht, Sie zu verstehen. Sie hoffen auf jemanden, der Ihnen aktiv zuhört, auch wenn er die Geschichten schon kennt. Auf jemanden, der Ihnen vermittelt: **Ich bin für dich da.** Du darfst erzählen, weinen und immer wieder von deinem Liebling berichten.

Was ist mit mir los?

Damit Sie sich selber besser verstehen können, bedarf es der Aufklärung und das beginnt in Ihrer inneren Gefühlswelt.

Warum bin ich wie erstarrt? Warum fließen keine Tränen? Warum höre ich gar nicht mehr auf zu weinen? Woher kommt diese grenzenlose Leere, warum empfinde ich diese Wut, Hilflosigkeit und Verzweiflung? Weshalb bin ich so antriebslos? Wieso habe ich Schlafstörungen?

Trauer erfasst den Menschen in seinem ganzen Sein. Ob wir den Tod eines Menschen, Tieres, den Verlust unserer Gesundheit, des Berufs, einer gescheiterten Beziehung, eine verpasste Gelegenheit, die Kinderlosigkeit beklagen –

nicht nur die Seele, auch der Körper weint. Dazu kommen wir jedoch später noch.

*****

Dein Tier braucht dich und du brauchst dein Tier

Beweggründe für die Anschaffung eines tierischen Hausgenossen mögen unterschiedlicher Natur sein, doch die sozialen Sehnsüchte, welche die Vierbeiner stillen, die tiefe emotionale Bindung ist oftmals ähnlich.

Die Unterstützung auf vier Pfoten bedeutet:

- Trost in allen Situationen
- Befriedigung des Bedürfnisses nach Verbundenheit
- Verminderung von Stress
- Gemeinsame Erlebnisse, Freude, Spaß
- Unterhaltung und nie Langeweile
- Liebe ohne Bedingung
- Immer einen Zuhörer zu haben
- Treue ohne Forderung
- Zugehörigkeit
- Gegenwart und Zukunft

- Selber Geduld zu lernen
- Sich zu disziplinieren
- Nächstenliebe
- Durchsetzungsvermögen zu lernen

Das alles fehlt Ihnen nun ...

*****

Warum wir trauern sollen

Die Trauer ist die Schwester der Liebe. Hättest du nicht geliebt, würdest du nicht trauern

Trauer hilft dabei, Abschied zu nehmen, die gemeinsamen Erfahrungen zu verarbeiten und sich auch irgendwann wieder Neuem zu öffnen.

Trauer ist keine Krankheit, man kann sie nicht loswerden, wegschicken – weder mit Medikamenten, noch durch Verdrängung. Sie wartet immer darauf, durchlebt zu werden. Und sie dient dazu, sich bewusst zu machen, dass das geliebte Tier nie wiederkommen wird, damit wir nicht an einer Fiktion und Scheinwelt festhalten. Trauer hilft uns, den Verlust zu realisieren, um den Prozess des „Loslassens" zu unterstützen.

Während dieser Zeit zeigt uns der Schmerz unsere eigenen Schwächen und Lücken auf – jedoch auch unsere Kraftquellen – und erfordert die Auseinandersetzung mit uns selber. Somit bewirkt sie die Weiterentwicklung des Ichs, was der Reifung der eigenen Persönlichkeit dient.

Trauer ist ein Fluss, in dem man nicht gegen den Strom schwimmen kann

Bemühen Sie sich nicht, alle Kraft zu verschwenden, um mühsam ans Ufer zu gelangen. Es wird Ihnen kaum gelingen und raubt Ihnen nur die letzte Energie. Geben Sie sich dem Strom hin, hängen Sie Gedanken nach, träumen Sie von gemeinsamen Zeiten, schwelgen Sie in Lebenserinnerungen – das ist schön und traurig zugleich. Dennoch bleiben Ihnen diese einzigartigen Bilder und Momente, die Ihnen bald wieder neue Stärke verleihen werden.

✳✳✳✳✳

Trauer ist laut Experten eine der höchsten Formen von Stress. Der Gedanke, dass Ihr Vierbeiner nie wieder an Ihrer Seite sein wird, ist für Geist, Körper und Seele kaum vorstellbar. Im Dauerstress wird das Stresshormon Cortisol ausgeschüttet, ein körpereigenes Hormon. Dieses befeuert unser Gehirn, insbesondere den Hippocampus, welcher der Hüter unseres Gedächtnisses ist.

Das kann bewirken, dass Sie zuweilen unkonzentriert sind, Erinnerungslücken wahrnehmen, das Kurzzeitgedächtnis unzuverlässig arbeitet oder Sie zerstreut und unaufmerksam sind.

Denn Ihr neuer Weg verlangt Ihnen Vieles ab:

- das Bewusstmachen des Verlustes
- die Trauer, den Schmerz zulassen
- das Ende der Beziehung/Verbindung zu verstehen
- die Neuorientierung und Neugestaltung des Lebens
- das Neuerfinden der eigenen Identität, von nun an allein

Sie haben nicht nur einen Ihrer wichtigsten Bezugspartner verloren, sondern eine gemeinsam erlebte

Welt. Diese neue Wirklichkeit ist nicht sofort erfassbar, sondern muss schrittweise, im eigenen Tempo, einer neuen Welt angepasst werden.

Lassen Sie sich deshalb von niemandem beeinflussen oder vorschreiben, wie lange „man" trauert. Trauer ist so individuell wie das Leben selbst, wie Sie, wie Ihr Haustier es war. Nehmen Sie sich die Zeit, die Sie brauchen, hören Sie auf Ihr Herz, Ihr Bauchgefühl.

*****

Trauernde erzählten mir oft, dass sie den Schmerz im ersten Jahr besonders intensiv erlebten, da ihnen der gesamte Zyklus widerfuhr:

- Das Datum, an dem das Tier erworben wurde
- Seinen ersten Geburtstag ohne den geliebten Vierbeiner
- Den ersten eigenen Geburtstag ohne das Haustier
- Den Todestag des Lieblings

Ob ein Jahr oder drei Jahre der Trauer vergehen – es ist völlig in Ordnung!

Am Anfang erleben Sie unter Umständen offene Anteilnahme, Beileid und Zuspruch. Doch Sie werden feststellen, dass Ihr soziales Umfeld bald wieder zurück ins eigene Leben geht und auch von Ihnen Normalität einfordert.

Dennoch: Niemand zahlt Ihre Rechnungen, niemand schenkt Ihnen ewige Jugend, Schönheit oder Gesundheit. Sie sind allein mit Ihrem Schmerz und Kummer. Also nehmen Sie sich das Recht heraus, Ihren selbst gewählten Trauerweg zu begehen. Ganz so, wie er zu Ihnen, Ihren Ressourcen und Ihrer Persönlichkeit passt.

Umarmen Sie Ihre Trauer, sie ist ein Teil von Ihnen und die (Regenbogen)Brücke zum geliebten verstorbenen Haustier.

*****

Trauer wird individuell erlebt

Der eine bricht in seiner Trauer zusammen, andere gehen gestärkt aus diesem Prozess hervor. Manche räumen den Schlaf- oder Lieblingsplatz des Tieres nach wenigen Tagen weg, andere rühren ihn monatelang nicht an. Der eine kehrt nach dem Tod umgehend zum Arbeitsplatz zurück, andere wiederum lassen sich eine Woche krankschreiben.

Es gibt kein richtig oder falsch. Kein schnell oder langsam. **Es gibt nur Ihre ganz persönliche Art, damit umzugehen.**

Warum jeder Mensch individuell, oft völlig unterschiedlich trauert, hängt von vielen Faktoren ab:

- Qualität der Beziehung
- Alter und Geschlecht des Tierbesitzers
- Rolle, die Ihr Begleiter verkörperte
- Todesumstände
- Sozialer Hintergrund (Freunde, Familie)
- Spiritualität/Glauben

- Ressourcen (innere Kraftquellen und Stärken)
- Resilienz (Widerstandsfähigkeit, Umgang mit Lebenskrisen)

*****

Das Kleid, in dem er mich am liebsten sah

Drei Tage später wurde er begraben. Seine junge Frau und seine Eltern begleiteten

den Sarg. Die Mutter weinte laut. Die junge Frau schwieg. Nur ihre Augen standen

voll Tränen.

„Du weinst ja nicht!" flüsterte ihr die Schwiegermutter zu. „Ich habe mir gleich gedacht,

dass du ihn nicht geliebt hast. Und wie konntest du nur in einem roten Kleid hier

erscheinen? Bei einer Beerdigung trägt die Witwe Schwarz. Weißt du das etwa

nicht?"

„Ich habe das Kleid angezogen, in dem er mich am liebsten sah", antwortete die

junge Frau ruhig.

Und als der Sarg in die Grube hinuntergelassen worden war, griff die Witwe nicht nach der Schaufel, um ein paar Erdbrocken auf den Sarg zu werfen. Sie warf auch

keine Blumen ins Grab, wie das die Hinterbliebenen zu tun pflegen. Sie hatte nur

das Buch mit den Gedichten in der Hand, die er ihr oft auf der Wiese ganz zärtlich

vorgelesen hatte.

Dieses Buch ließ sie zu dem Toten hinabfallen.

„Was machst du denn da?" zischte der Vater des Toten der jungen Frau entrüstet

zu. „Ein Buch? Wer wirft denn ein Buch in ein Grab?"

„Ich", antwortete die junge Frau ruhig. „Es waren unsere Lieblingsgedichte."

Die junge Frau wartete neben dem Grab, bis die übrigen Leute fortgegangen waren

und die Totengräber das Grab zugeschaufelt hatten. Dann setzte sie sich auf den

Hügel und sang leise das Lied von den Paradiesvögeln. Ein paarmal versagte ihr

die Stimme vor Traurigkeit, aber dann sang sie das Lied doch zu Ende.

Am Friedhofstor drehte sich die Mutter des Toten um und schaute zurück. „Sieh dir das an", sagte sie zu ihrem Mann, „was sie jetzt macht! Sie sitzt auf dem Grab und

singt! Dass sie sich nicht schämt? Nein, sie hat wirklich keine Ahnung, wie man

sich benimmt und was sich gehört. Unser armer Sohn – was hat er nur so großartig

an ihr gefunden, dass er sie geheiratet hat?"

„Dreh dich nicht mehr nach ihr um, Käthe", sagte der Vater des Toten, „es regt dich

nur auf. Und wir haben ja auch nichts mehr mit ihr zu tun, Gott sei Dank".

(Ein rotes Kleid – zitiert nach: Themenhefte Gemeindearbeit Nr. 35, S. 33f., gekürzt)

Die Trauer ist schwer (be)greifbar, denn sie schlingt sich mit all ihren Gefühlen um den Trauernden, lähmt, lässt verzweifeln und schnürt immer mehr zu, je heftiger wir uns wehren oder im Gegenzug resignieren.

Stellen Sie sich vor, der nachfolgende Baum ist ein *Baum der Emotionen*, die sich durch den Verlust entwickelten. Jedes Gefühl, hier ein Herzblatt, entspringt aus der Liebe zum Tier. Es gibt unzählige Empfindungen, die gängigsten werde ich Ihnen beschreiben.

Leid, Trauer, hoffnungslos, ängstlich, schuldig, leer, Sehnsucht, wütend, allein, einsam, fassungslos, aggressiv, zukunftslos, resigniert, ruhelos, zögerlich, unentschlossen, traurig, Scham, Reue, depressiv, gelähmt, energielos, ohnmächtig, unglücklich, überaktiv, empfindungslos, neidisch, furchtsam, überflüssig, phlegmatisch, verzweifelt, gereizt, ausgelaugt, panisch, hilflos, müde, antriebslos, eifersüchtig, launisch, niedergeschlagen, zornig, sorgenvoll, strapaziert, zittrig, unruhig, zerrissen.

Darin mischen sich immer wieder auch positive Gefühle, wie Dankbarkeit, Liebe, Freude, Nähe, Verbundenheit und vieles mehr.

Es ist ein Chaos an Gefühlen, ein Gefühlscocktail, welcher den Trauernden hin- und herwirbelt und die Trauer so abstrakt wirken lässt. Was passieren kann, wenn Gefühle konsequent unterdrückt werden, drückt das Gedicht „DIE MASKE" deutlich aus.

Immer eine Maske

Gehalten in einer schmalen blassen Hand

Immer eine Maske vor ihrem Gesicht –

Das Handgelenk

Hielt sie leicht

Erfüllte treu die Aufgabe:

Jedoch manchmal –

War da nicht ein Beben

Zitterten nicht die Fingerspitzen

Nur ganz leicht –

Während sie die Maske hielt?

Jahr für Jahr wunderte ich mich

Traute mich aber nicht zu fragen

Und dann –

Eines Tages schaute ich hinter die Maske

Und fand –

Nichts

Sie hatte kein Gesicht

Aus ihr war

Bloß noch eine Hand geworden

Die eine Maske hält –

Anmutig …

(Autor unbekannt; aus Rosenberg, S. 47)

Um Gedanken und Gefühle zu ordnen, sie auszudrücken, empfehle ich Ihnen nachfolgende Aufgabe:

Übung: „Ich-Trauer"

Unsere Identität wird zu einem großen Teil durch unseren Namen bestimmt und dieser macht uns mit als Individuum aus. Ebenso einzigartig ist unser Trauerempfinden. Gefühle ins Fließen zu bringen, sich bewusst zu machen, was uns berührt und umtreibt, ist wichtig. Dazu dient diese Übung.

Schreiben Sie Ihren Vornamen untereinander (bei Bedarf auch den Namen Ihres Haustieres).

Beispiel:

L ....

I ....

A ....

N ....

E ....

Gehen Sie in sich und schreiben Sie auf, welche Gefühle Sie spüren oder was Sie mit Ihrem Haustier verbinden. Beginnen Sie immer mit demselben Buchstaben. Finden Sie mindestens je drei bis fünf Gefühle, wenn es Ihnen gelingt. Lassen Sie sich Zeit, es kann Tage dauern, muss es jedoch nicht.

Beispiel:

L: Leid, lustlos, leer, Last, lästig

I: Irrsinn, ignorant, Identitätsverlust, interesselos, immer müde

A: allein, aggressiv, antriebslos, ausgeschlossen, auffallend

N: nie wieder, neidisch, Nähe fehlt

E: einsam, elend, energielos, eifersüchtig

Bitte erwarten Sie keine Wunder von dieser Übung. Sie bewirkt, dass sich „negative" Emotionen nicht irgendwo im Untergrund manifestieren. Jedes Gefühl hat das Recht, gesehen, wertgeschätzt und zugelassen zu werden. Gefühle zu unterdrücken birgt die Gefahr in sich, dass diese sich andere Wege und Ausdrucksmöglichkeiten suchen, wie z. B. in Aggression, Wut, Depressionen oder Verbitterung. Falls Sie einen guten Freund haben, können Sie ihm auch mithilfe dieser Übung zeigen, was Sie für sich erarbeitet haben.

Wie immer: Seien Sie stolz auf sich – Sie sind stark!

*****

Haben Sie diese Übung durchgeführt, gibt es auch noch eine andere Version. Beginnen Sie genauso wie gehabt, schreiben Sie Ihren Namen oder den des Haustieres untereinander oder beide. Nun erinnern Sie sich an all das Schöne, was das Zusammenleben mit dem geliebten Tier ausmachte, was Sie mit ihm erlebt haben oder beides zugleich. Sammeln Sie. Lassen Sie Bilder und Momente vor Ihrem geistigen Auge entstehen und danken Sie, dass Sie das erleben durften.

Spüren Sie Ihren Dank, schicken Sie Ihren Dank weiter an Ihren Liebling, wo auch immer er jetzt sein mag.

*****

Die vielen Gesichter der Trauer

Das gesamte Lebensgefüge ist aus dem Gleichgewicht geraten.

Der Tod eines nahen Menschen verändert das Leben von einer Stunde auf die andere. Nicht nur Organisatorisches muss bewältigt werden, sondern nach der Bestattung eine völlig neue, ungewisse Alltagssituation.

Ihr Körper, Fühlen und ihr Denken, kurz: ihr ganzes Wesen kann sich verändern. Ähnliches erleben Sie, wenn Sie um Ihr geliebtes Haustier trauern.

Die folgende Aufzählung möglicher Merkmale der Trauer ist ein Versuch, deutlich zu machen, was auf dem Weg von Trauernden geschehen kann, nicht geschehen muss. Jeder Mensch erlebt die Trauer anders. Die ersten Symptome machen sich breit und zeigen sich auf vier Ebenen.

Viele Trauernde sind überrascht, mit welcher Wucht die Trauer „zuschlägt".

Kognitive Ebene:

- Konzentrationsdefizite, Sinnestäuschungen, Gedankenkarussell
- Zukunftslosigkeit
- mechanisches Funktionieren
- To-do-Listen abarbeiten, ohne Emotion
- Gefühl, neben sich zu stehen
- Desinteresse, Suche nach Sinn
- Idealisieren (sie/er war der Beste, Schönste, ohne Fehler)
- Suche nach einem Schuldigen

Insbesondere letztere Facette tritt häufig nach einem Todesfall auf. Denn der Trauernde hat das Bedürfnis seinen Schmerz auf jemanden oder etwas zu projizieren, um ihn so für eine kurze Zeit „loszuwerden".

Emotionale Ebene:

- Wut, Zukunftsängste und Angst vor weiteren Verlusten und Veränderungen
- Gereiztheit, Dünnhäutigkeit, Überempfindlichkeit
- sich nichts gönnen, Kontrollverlust, Sehnsucht
- Erstarrung, grenzenlose Leere
- Überaktivität, Einsamkeit
- weinen, schreien
- vermeiden, über das Thema zu sprechen

Körperliche Ebene:

- Atem- und Herzbeschwerden, Appetitlosigkeit
- Beklemmungen im Brustbereich
- Ohrenrauschen, Gliederschmerzen
- Albträume, Schlafstörungen, Magen-Darm-Beschwerden
- Erschöpfung, häufige Erkältungen, Bluthochdruck
- frösteln, frieren, zittern
- Kopfschmerzen

Soziale Ebene:

- Rückzug, Isolation (selbst gewählt oder von außen)
- klammern
- Rollenkonflikte (wer bin ich ohne sie/ihn)
- Flucht in Ehrenämter

Den Königsweg oder ein Allheilmittel gegen die auftretenden Reaktionen gibt es nicht. Aber bitte versuchen Sie nicht, die Symptome mit einer Pille wegzutherapieren, es wird Ihnen nicht gelingen. Die Symptome sind Ausdruck Ihres Schmerzes und gehören zum Bewältigungsprozess.

Leiden Sie an Schlafstörungen, versuchen Sie es zunächst mit pflanzlichen Präparaten. Synthetische Schlaf- und Beruhigungstabletten, insbesondere Benzodiazepine, führen schnell in die Abhängigkeit und damit in die Sucht. Sprechen Sie mit Ihrem Arzt über Ihre Bedenken.

✳✳✳✳✳

Das bin ich mir Wert

_____

_____

Das Beste ist gerade gut genug!

Im Trauerzustand vernachlässigen viele Betroffene die eigene Person. Der Fokus liegt nur noch auf dem Verlust und Gedanken kreisen im Karussell. Doch darin liegt eine Gefahr: nämlich die der kontinuierlichen Abwärtsspirale. Trauern ist wichtig, jedoch nicht 24 Stunden am Tag, sonst raubt es Ihnen zu viel Kraft und Energie.

Verwöhnen Sie sich, Sie sind in einer Ausnahmesituation. Füllen Sie Ihre Batterie immer wieder aufs Neue auf. Erlauben Sie sich, auch zu lachen und glückliche Momente zu erleben.

Sich selbst für so wichtig zu erachten, sich etwas Gutes zu tun, bedeutet auch Selbstliebe. Lieben Sie sich. Sie sind ein kostbarer, einzigartiger, wertvoller Mensch. Ihnen steht trotz aller Trauer (Selbst)Liebe zu.

Liebe ich mich selbst
dann geht es mir gut

Liebe ich mich selbst
dann habe ich Mut

Liebe ich mich selbst
dann gelingt mir, was ich will

Liebe ich mich selbst
dann ist mein innerer Kritiker still

Liebe ich mich selbst
dann freut sich meine Seele

Liebe ich mich selbst
dann verbreite ich Liebe

Liebe ich mich selbst
dann schlichte ich meine inneren Kriege

Liebe ich mich selbst
dann weiß ich, wofür ich siege

Liebe ich mich selbst
dann liebe ich mich – und liebe ich Dich.

(leicht abgewandelt nach Aljoscha)

Hier einige Inspirationen:

- Gehen Sie zum Frisör
- Zur Kosmetikerin, Fußpflege
- Ins Kino, Theater
- In die Sauna
- Genießen Sie eine Massage
- Kaufen Sie sich etwas Schönes, das kann eine Kleinigkeit sein
- Besuchen Sie ein Restaurant
- Kochen Sie sich etwas Besonderes
- Ernähren Sie sich gesund
- Reduzieren Sie Alkohol und Nikotin oder verzichten Sie ganz darauf
- Bewegen Sie sich täglich, das ist sehr wichtig. Bereits bei einem Spaziergang von 20 bis 30 Minuten fühlen Sie sich besser. Stresshormone werden abgebaut und Glückshormone ausgeschüttet
- Spüren Sie die Natur, umarmen Sie einen Baum, atmen Sie die Frische des Waldes
- Reden Sie. Suchen Sie die Nähe der Menschen, die Ihnen zuhören, anstatt zu kommentieren

- Gibt es Vereine oder soziale Treffpunkte in der Nähe?

- Belohnen Sie sich

- Strukturieren Sie Ihren Tag. Sich zu beschäftigen ist wichtig. Ob Hausarbeiten, Freunde treffen, etwas für andere tun. Lassen Sie Ihre Trauer zu, aber lenken Sie sich auch immer wieder einmal ab.

Der folgende TAGESPLANER unterstützt Sie dabei.

Keine Sorge, Sie müssen nicht alles lückenlos ausfüllen, sich unter Druck oder Stress setzen. Suchen Sie sich ganz entspannt ein Vorhaben aus. Das, was Ihnen am leichtesten durchzuführen scheint.

Bitte füllen Sie den Tagesplaner so früh wie möglich nach dem Aufstehen aus, damit er sie Schritt für Schritt durch den Tag begleitet. Abends reflektieren Sie, was Ihnen gut gelungen und was noch offengeblieben ist. Seien Sie nicht zu streng mit sich. Es ist ein guter Anfang.

Berufstätige können in kleinen Schritten umsetzen, was ihnen die Zeit einräumt. Zudem bleibt noch das Wochenende, um neben der Trauer aktiv zu sein.

TAGESPLANER – für jeden Tag der Woche

Was möchte ich heute für mich tun? (Uhrzeit)

Für meinen Körper

_____

_____

_____

_____

Für meinen Geist

_____

_____

_____

_____

Für meinen Beruf

_____

_____

_____

_____

Was möchte ich heute für jemanden anderes tun?
(Uhrzeit)

_____

_____

_____

_____

Was kann jemand für mich tun? (Uhrzeit)

_____

_____

_____

_____

Was genau konnte ich heute davon umsetzen?

_____

_____

_____

_____

Wie immer: Seien Sie stolz auf sich – Sie sind stark!

Lassen Sie nie ein schlechtes Gewissen bei dem auf-
kommen, was Sie tun. Ihr kleiner Liebling würde das
nicht wollen. Ersticken Sie jeden Ansatz eines solchen
Gedankens im Keim. Sind Sie sich unschlüssig oder
hin- und hergerissen, fragen Sie sich:

„Was würde mein Vierbeiner dazu sagen. Was rät er
mir?" Vertrauen Sie mir, er würde Ihnen zustimmen!
Denn Lebewesen, die sich lieben, gönnen sich gegen-
seitig etwas Gutes. Und kaum jemand kennt Sie so
gut, wie Ihr kleiner Begleiter.

✳✳✳✳✳

Stabilisierung des ICH

Auch wenn Sie die Trauer nicht mehr übermannt, Ihnen nicht mehr den Boden unter den Füßen wegzieht, können immer wieder Tage kommen, an denen Sie sich besonders traurig und hilflos fühlen. Dann ist es gut, wenn Sie einen Zufluchtsort haben, sich an Freunde wenden können oder Sie imstande sind, Ihre inneren Ressourcen, Helfer und Kraftquellen zu (re)aktivieren.

Das folgende Kraft-Ressourcen-Modell ist ein möglicher Weg, sich diese zu erarbeiten. Sinnvoll ist es, die Fragen in aller Ruhe an einem Tag zu beantworten, an dem Sie sich stark fühlen, damit Sie sie dann in einer akuten Situation abrufen können. Versuchen Sie, pro Frage mindestens drei bis fünf Antworten zu finden, je mehr desto besser.

Eine Art Erste-Hilfe-Koffer, der immer in greifbarer Nähe sein sollte.

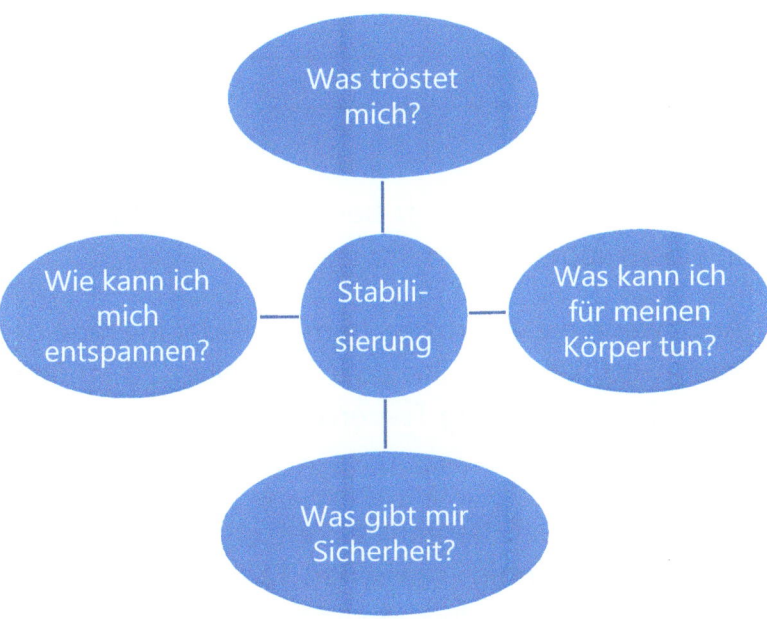

*****

Die vier Trauerphasen

Die Trauerarbeit verläuft bei den meisten Menschen in einem sogenannten Phasenmodell.

Auch wenn dieser Prozess immer wieder in Frage gestellt wird, kann ich ihn doch in meiner 20-jährigen intensiven Begleitung Trauernder in den meisten Fällen bestätigen.

Diese individuell begrenzte Zeit erleben Trauernde meist wellenförmig – zwischen Tanz und Taumel. Es gibt gute Stunden, in denen sie lachen oder sich beschäftigen und plötzlich fallen sie in ein tiefes Loch, weinen und glauben, es gäbe kein Morgen.

Wer die Phasen kennt, sich damit vertraut macht, wird sich selbst, seine Gefühle und sein Handeln besser verstehen. Sie dienen als Grundlage des Trauerverständnisses.

Selten wird eine Phase übersprungen. Dennoch ist dies möglich. Auch einzelne Symptome bestimmter Phasen können sich überschneiden oder wiederholen. Ebenso besteht die Möglichkeit, wieder in eine frühere Phase zurückzufallen, wenngleich diese dann kürzer sein wird.

Begründerin und Entwicklerin des Modells, das ich Ihnen vorstelle, ist die schweizerische Psychologin *Verena Kast*, eine der bekanntesten Vorreiterinnen und Fürsprecherinnen Trauernder.

*****

Erste Trauer-Phase: „Nicht-Wahrhaben-Wollen"

Der Tod eines geliebten Tieres schockiert immer. Auch dann, wenn er nicht unerwartet kommt. Auf einmal ist alles anders, Hilf- und Ratlosigkeit herrschen vor. Das Geschehene wird noch nicht erfasst, man leugnet es ab, kann und will es nicht glauben.

Manche Menschen sind wie erstarrt, fassungslos, blockiert. Der Tod hat etwas Überwältigendes. Diese Phase kann wenige Stunden bis mehrere Wochen dauern – vor allem bei plötzlich eintretenden Todesfällen.

Mögliche Reaktionen in dieser Phase:

Verzögerte Reaktionen, Übelkeit, Erbrechen, Schweißausbrüche, Empfindungslosigkeit, kein Tränenfluss, Sprachlosigkeit, Kontaktverweigerung

Zweite Trauer-Phase: „Aufbrechende Emotionen"

Jetzt schleicht sich langsam die Wahrheit in den Kopf, Gefühle bahnen sich ihren Weg. Leid, Schmerz, unendliche Sehnsucht, Hoffnungslosigkeit, Traurigkeit, Angst und Wut können an die Oberfläche kommen. Viele Trauernde sind überwältigt, mit welcher Wucht von Emotionen sie nach der Starre überrollt werden.

Man will seinen Schmerz herausschreien. Zorn kann sich gegen Gott, sich selbst, die Welt aber auch gegen das verstorbene Haustier richten:

- Warum hast du mich verlassen?
- Warum trifft es gerade mich?
- Was soll nun aus mir werden?
- Wie konntest du mich im Stich lassen?
- Wir hatten noch so viel vor
- Hätte ich besser aufpassen müssen?

All diese Gefühle, die zu diesem Zeitpunkt über einen hereinbrechen, sollten auf keinen Fall verhindert werden. Sie helfen dem Trauernden, seinen Schmerz zu verarbeiten. Werden sie jedoch unterdrückt, können sie viel zerstören und führen dann oftmals in die Schwermut oder zu Depressionen.

Die Dauer dieser Phase lässt sich schwer abschätzen. Man spricht von einigen Wochen bis zu mehreren Monaten. Aber: es ist eine Phase – und das bedeutet übersetzt:

„Abschnitt, Stufe innerhalb einer stetig verlaufenden Entwicklung oder eines zeitlichen Ablaufs."

Leben Sie die Phase aus und vertrauen Sie darauf, dass es wieder leichter werden wird, auch wenn Sie es sich *noch* nicht vorstellen können.

Mögliche Reaktionen in dieser Phase:

Reizbarkeit, Stimmungslabilität, Panikattacken, Atemnot, Schlafstörungen, Anklagen, Herzrasen, Konzentrationsstörungen, Überempfindlichkeit, Verletzbarkeit, Rückzug, Schreien, Klagen, Essstörungen, suizidale Gedanken. Sollten Sie suizidale Gedanken plagen, dann holen Sie sich bitte professionelle Hilfe.

Dritte Trauer-Phase: „Suchen und Sich-Trennen"

Auf viele Verluste reagieren Menschen mit Suchen. Was wird eigentlich gesucht? Zum einen das reale Haustier, mit dem wir lebten, zum anderen die gemeinsame Biografie, Orte mit Erinnerungswert. Auch in den Gesichtern und Körpern unbekannter Tiere versucht man, den verstorbenen Liebling wiederzufinden.

Erlebnisse werden als „Edelsteine" gesammelt und setzen sich wie ein Puzzle der Vergangenheit zusammen. Diese inneren Begegnungen sind schmerzhaft und unendlich schön zugleich. Im Verlaufe dieses intensiven Suchens, Findens und Wieder-Trennens kommt irgendwann der Augenblick, in dem der Trauernde die Entscheidung trifft, wieder JA zum Leben und Weitergehen zu sagen. Diese Phase kann Wochen, Monate, sogar Jahre dauern.

Mögliche Reaktionen in dieser Phase:

Depressive Verstimmungen, intensive Träume, lautes Reden mit dem toten Tier, innere Zwiegespräche.

Vierte Trauer-Phase: „Neuer Selbst- und Weltbezug"

Nachdem man seinen Schmerz herausschreien durfte, man alle Facetten der Gefühle erlebt hat, anklagen und Vorwürfe machen konnte, kehren allmählich Ruhe und Frieden in die Seele zurück. Der Tote hat dort seinen Platz gefunden. Man erkennt, dass das Leben weitergeht und man selber dafür verantwortlich ist.

Es kommt die Zeit, in der man neue Pläne schmiedet, doch die Trauer hat ihre Spuren hinterlassen. Die Einstellung zum Leben hat sich oft verändert.

Der verstorbene Vierbeiner bleibt Teil des Lebens und lebt in den Erinnerungen und im Gedenken weiter.

Mögliche Reaktionen in dieser Phase:

Freude am Leben, Pläne schmieden, Selbständigkeit, Selbstachtung, Sinnhaftigkeit, Dankbarkeit und Stolz, das Chaos überlebt zu haben. Erste Gedanken an einen neuen Freund und Wegbegleiter (dazu später mehr).

Vergiss die Träume nicht, wenn die Nacht wieder über dich hereinbricht
und die Dunkelheit dich wieder gefangen zu nehmen droht.
Noch ist nicht alles verloren.
Deine Träume und deine Sehnsüchte tragen Bilder der Hoffnung in sich.
Deine Seele weiß, dass in der Tiefe Heilung schlummert
und bald in dir ein neuer Tag erwacht.

Ich wünsche dir,
dass du die Zeiten der Einsamkeit nicht als versäumtes Leben erfährst,
sondern dass du beim Hineinhorchen in dich selbst noch Unerschlossenes entdeckst.

Ich wünsche dir
dass dich all das Unerfüllte in deinem Leben nicht erdrückt, sondern dass du dankbar sein kannst für das, was dir an Schönem gelingt.

Ich wünsche dir,
dass all deine Traurigkeiten nicht vergeblich sind,
sondern dass du aus der Berührung mit deinen Tiefen auch Freude wieder neu erleben kannst.

(Irischer Segenswunsch)

*****

Wo du sein könntest

_____

_____

Oftmals hören Trauernde die Worte: „Du musst loslassen!"

Zuerst müssen Trauernde das geliebte Tier in der Wirklichkeit loslassen und nun sollen sie es zusätzlich noch auf der emotionalen und auf der geistigen Ebene loslassen. Ein bisschen viel verlangt, finden Sie nicht auch?

Ihr kleiner Liebling hat Ihnen alles bedeutet, war ein wichtiger Teil Ihres Lebens und darf und soll es auch bleiben. Lediglich die Beziehung hat sich verändert.

Anstelle sich zu zwingen, Ihr Haustier loszulassen und damit die Trauer „künstlich" zu beenden, ist es besser, einen guten und schönen Platz im Gedenken für Ihren Liebling zu finden.

In angenehmer Weise laden Traumreisen den Zuhörer ein, seine Achtsamkeit und Konzentration sanft nach innen zu lenken, sich auf den Flügeln der Fantasie auf eine „kleine Reise" zu begeben. Fantasiereisen spenden Kraft und verhelfen zu positiven Gedanken und Gefühlen. Seele und Geist können sich regenerieren, sammeln, Ballast abwerfen und neu orientieren.

Sanfte Entspannungsmusik, häufig im Zusammenwirken mit leisen Naturgeräuschen, wie Vogelgezwitscher oder Meeresrauschen, unterstützt beim Abschalten und Entspannen.

*****

Die nachfolgende Fantasiereise hilft Ihnen, einen Ort in Ihrer inneren Welt zu kreieren, an dem Sie Ihrem Weggefährten immer wieder begegnen können.

Einen Ort, von dem Sie wissen, dass es Ihrem Tierchen dort gutgeht, es aufgehoben ist und seinen Frieden gefunden hat.

Lesen Sie langsam und lassen Sie Ihren Gedanken freien Lauf. Sie könnten die Geschichte auch aufnehmen, z. B. auf ein Handy sprechen und dann Ihrer eigenen Stimme lauschen. Vielleicht liest sie Ihnen auch ein enger Vertrauter, Freund oder ein Familienmitglied vor? Halten Sie unbedingt Pausen ein.

Fantasiereise: „Licht – als sicherer Ort"

Ich möchte dich einladen, dir vorzustellen, dass du einen hohen Berg besteigst ... ganz leicht, fast schwebend ... Auf dem Berggipfel siehst du schon jetzt ein helles und warmes, fast überirdisch anmutendes Licht leuchten.

Je näher du kommst, umso kräftiger wird dieses Licht ... Wenn du genauer hinsiehst, sieht dieses Licht vielleicht wie ein Schloss aus Licht aus, wie ein Torbogen oder wie eine Kugel aus Licht.

Wie immer du dir das jetzt vorstellst, der Anblick ist überwältigend schön ... Du kommst langsam dort oben an, an der Schwelle zu diesem unendlichen Licht ... Du spürst die Kraft des Lichtes, das sich dir nun öffnet ... Du trittst in den Lichtraum ein. (Pause)

Noch bist du geblendet. Dann siehst du die Gestalt deines geliebten Haustieres im Licht ... Es ist ganz in Licht getaucht ... Du weißt intuitiv, dass dein treuer Weggefährte in diesem Licht unendlich gut aufgehoben ist.

Du spürst vielleicht ein Gefühl der Ruhe und des Trostes, und du flüsterst leise:

„Ja, so ist es gut. Ja, so bist du in diesem ganz besonderen Licht für immer aufgehoben, für immer dort."

Vielleicht geht ihr im Licht aufeinander zu und begrüßt euch oder ihr bleibt in einer respektvollen Distanz voreinander stehen.

Lass jetzt im Lichtglanz geschehen, was geschieht ... Nimm dir viel Zeit ... Gibt es etwas zu sagen, was möchtest du ihm mitteilen? (Pause)

Dann verabschiedest du dich allmählich von deinem geliebten Tier und dem Licht, in dem es gut und sicher aufgehoben ist ... Du drehst dich langsam um, spürst das Licht jetzt noch wärmend im Rücken und beginnst, den Berg hinabzusteigen, so als hättest du Flügel. Du bist nun in dem Wissen, dass dein Liebling dort im Licht geborgen, sicher und in Frieden ist.

(leicht abgewandelt nach Roland Kachler)

Übung: „Treffpunkt – Regenbogen"

Schließen Sie Ihre Augen und lassen Sie vor Ihrem inneren Auge einen großen leuchtenden Regenbogen entstehen, der von der Erde weit in die Wolken reicht. Leicht und sanft regnet es, die Luft ist warm und lau. Die Sonne wirft ihr Licht in die Tropfen und zaubert diesen Regenbogen an den Himmel.

Sie lassen sich von den feinen Farben verzaubern und hineinnehmen. Sie spüren eine Leichtigkeit, die Sie hebt und in eine andere Welt trägt. Leicht lassen Sie sich hinaufheben auf den Gipfel des Regenbogens. Sie wissen und spüren, dass Ihnen dort das verstorbene Tier begegnen wird, das Sie so lieben. Vielleicht winken Sie sich schon von der Ferne zu, beide im Licht dieses Regenbogens.

Vielleicht läuft Ihnen Ihr Liebling entgegen. Je näher Sie kommen, desto intensiver wird diese Begegnung. Ihr kleiner Weggefährte springt entweder freudig auf Sie zu oder Sie bleiben in einer angenehmen Distanz voreinander stehen. Dieser Augenblick ist ein Moment der tiefen und bedingungslosen Liebe.

Überlassen Sie die Bilder ganz Ihrem Unterbewusstsein.

Nach einer Weile verabschieden Sie sich. Jeder geht auf der Straße des Regenbogens zurück in seine Welt: Sie in die Ihre, das Tier in seine geistige. Sie spüren Wehmut, aber zugleich auch Glück, Liebe und Dankbarkeit – und den Trost der erlebten Nähe. Schlingen Sie dieses Gefühl und die Farben des Regenbogens wie einen wärmen Schal um Ihren Körper.

Wann immer Sie wollen oder bei jedem Regenbogen, den Sie erblicken, wissen Sie, dieser reale und doch unwirkliche Himmel kann immer eine Brücke zum Verstorbenen sein.

(leicht abgewandelt nach Roland Kachler)

Rituale und Symbole

Rituale sind Inseln der Zuflucht

Ein Lebenskreis hat sich für Sie viel zu früh geschlossen. Überwältigt und unaussprechlich traurig wissen Sie vielleicht nicht, wohin mit Ihrer Trauer.

Rituale und Symbole bieten Halt, Struktur, Rast und Ordnung.

Warum sie so wichtig sind:

- Sie wirken wie ein Kompass, helfen, uns zu orientieren. Z. B. mithilfe von festen täglichen Uhrzeiten, gleichen Orten, an denen sich Handlungsabläufe wiederholen
- Durch sie lassen sich Gefühle kanalisieren
- Sie vermitteln ein Gefühl der Kontrolle
- Sie stehen für Gedanken und Gefühle, die nicht in Worte zu fassen sind
- Ein Ritual trägt ein Alltagskleid, hilft, sich zu erden

- Rituale und Symbole wirken wie tägliche, kleine und erreichbare Ziele, die man sich setzt
- Sie stärken das Bewusstsein und lenken den Fokus, die Konzentration
- Sie spiegeln unsere kulturelle Identität

Einen Versuch wäre es doch Wert! Hier folgen dazu einige hilfreiche Tipps:

- Malen mit Farbe (Acryl, Öl, Aquarell)
- Der Trauer durch das Formen mit einer Modelliermasse eine Gestalt geben
- Briefe an Ihren Vierbeiner schreiben (eine kleine Schachtel genügt als Briefbox)
- Die gemeinsame Lebensbiografie aufschreiben
- Sowie die schönsten und lustigsten Erlebnisse
- Ein Fotoalbum gestalten
- Eine Kollage erstellen
- Ein Tagebuch schreiben
- Eine Schatztruhe basteln und Bedeutsames hineinlegen
- Mit Erinnerungsstücken, wie z. B. einem Foto, der Leine, dem Lieblingsspielzeug, in der

Wohnung oder im Freien einen kleinen Gedenkort gestalten

- Einen Baum pflanzen
- Einen Klagekarton platzieren
- Ein Schifflein mit Schwimmkerze in einen Bach/Fluss setzen
- Einen Brief dem Feuer übergeben
- Zu festen Zeiten eine Kerze anzünden und dem Haustier ganz besonders gedenken, Zwiegespräche führen.

Denken Sie immer daran, Erinnerungen wachzuhalten, anstelle diese zu isolieren.

Die Erinnerung ist das einzige Paradies, aus dem wir nicht vertrieben werden können

*****

Übung: „Antworten suchen"

_____

_____

Die folgenden Fragen unterstützen Sie zum einen dabei, die Erinnerung lebendig zu halten, zum anderen dienen sie dazu, Ihre Trauer auszudrücken, ins Fließen zu bringen und neue Impulse für Ihren weiteren Lebensweg zu bekommen.

Nehmen Sie sich viel Zeit dafür. Es kann Tage dauern, bis Sie Ihre Gedanken formulieren und zu Blatt bringen können.

- Hatten Sie einen Kosenamen für Ihr Tier?

_____

_____

_____

_____

- Wo haben Sie es zum ersten Mal gesehen und wie war die Begegnung?

_____

_____

_____

_____

- Welche Überschrift würden Sie über Ihre Beziehung setzen?

  _____

  _____

  _____

  _____

- Welche Erinnerung ist die schönste?

  _____

  _____

  _____

  _____

- Wofür würden Sie sich gern entschuldigen?

  _____

  _____

  _____

  _____

- Nennen Sie fünf seiner liebenswertesten Charaktereigenschaften

  _____

  _____

  _____

  _____

- Wofür haben Sie es ganz besonders geliebt?

  _____

  _____

  _____

  _____

- Durch welche Krisen hat es Sie begleitet?

  _____

  _____

  _____

  _____

- Welche Botschaft würde es Ihnen auf Ihren Trauerweg mitgeben?

  _____

  _____

  _____

  _____

- Welche Botschaft würde es Ihnen auf Ihren Lebensweg mitgeben?

  _____

  _____

  _____

  _____

- Wofür würde es sich bei Ihnen bedanken?

  _____
  _____
  _____
  _____

- Wodurch haben Sie sein Leben bereichert?

  _____
  _____
  _____
  _____

- Wodurch hat es Ihr Leben bereichert?

  _____
  _____
  _____
  _____

- Wie waren die Todesumstände?

  _____
  _____
  _____
  _____

- Wie/wo ist es gestorben?

  _____

  _____

  _____

  _____

- Was/wer gab Ihnen während der Leidenszeit Kraft?

  _____

  _____

  _____

  _____

- Welche Rituale stärken Sie bereits heute?

  _____

  _____

  _____

  _____

- Welche Rituale könnten Ihnen für die Zukunft Kraft geben?

  _____

  _____

  _____

  _____

- In welchen Situationen sind Sie besonders traurig?

  _____
  _____
  _____
  _____

- Gibt es ein tröstliches Bild von dem Ort, an dem seine Seele sein könnte?

  _____
  _____
  _____
  _____

- Beschreiben Sie den „letzten Moment"

  _____
  _____
  _____
  _____

- Mit welchen Gefühlen blicken Sie in die Zukunft?

  _____
  _____
  _____
  _____

- Schreiben Sie 20 Dinge auf, die Ihnen früher Spaß gemacht haben (vielleicht greifen Sie wieder ein Hobby auf)

  _____

  _____

  _____

  _____

- Wie denken Sie über den Tod bzw. ein Weiterleben?

  _____

  _____

  _____

  _____

- An welchen Orten fühlen Sie sich Ihrem Liebling ganz besonders verbunden?

  _____

  _____

  _____

  _____

- Welche Bedeutung haben Glaube, Spiritualität und Religion für Sie?

  _____

  _____

_____

_____

- Welches Bild oder Symbol drückt Ihre momentane Trauer am ehesten aus?

_____

_____

_____

_____

- Welche Gefühle erleben Sie am Intensivsten?

_____

_____

_____

_____

- Welche gemeinsamen Erlebnisse bedeuten Ihnen am meisten?

_____

_____

_____

_____

Wie immer: Seien Sie stolz auf sich, Sie sind stark!

✳✳✳✳✳

Ich danke allen, die meine Träume belächelt haben.
Sie haben meine Fantasie beflügelt.

Ich danke allen, die mich in ihr Schema pressen wollten.
Sie haben mich den Wert der Freiheit gelehrt.

Ich danke allen, die mich belogen haben.
Sie haben mir die Kraft der Wahrheit gezeigt.

Ich danke allen, die nicht an mich geglaubt haben.
Sie haben mir zugemutet, Berge zu versetzen.

Ich danke allen, die mich abgeschrieben haben.
Sie haben meinen Trotz geschürt.

Ich danke allen, die mich verlassen haben.
Sie haben mir Raum gegeben für Neues.

Ich danke allen, die mich verraten und hintergangen haben.
Sie haben mich erwachsen werden lassen.

Ich danke allen, die mich verletzt haben.
Sie haben mich gelehrt, im Schmerz zu wachsen.

Ich danke allen, die meinen Frieden gestört haben.
Sie haben mich stark gemacht, dafür einzutreten.

Ich danke allen, die mich verwirrt haben.
Sie haben mir meinen Standpunkt klar gemacht.

Vor allem aber danke ich all denen, die mich lieben, so
wie ich bin.
Sie geben mir die Kraft zum Leben! Danke.

(Paulo Coelho)

Ein neuer Weg – ohne meinen Wegbegleiter

Liebe Leserin, lieber Leser, Sie sind bereits ein großes Stück des Weges ohne Ihren Liebling gegangen. Vieles hat sich verändert: das Leben, Ihr Wesen, Ihr soziales Umfeld, die Einstellung zum Leben. Vielleicht spüren Sie in sich immer wieder Impulse, aktiv werden und intensiver am Leben teilnehmen zu wollen, wissen aber noch nicht konkret wie.

Klienten beschreiben mir immer wieder, dass es irgendwann gar nicht mehr das lebendige Tier aus Fleisch und Blut ist, das schmerzlich fehlt, sondern die gemeinsamen Erlebnisse oder Bedürfnisse, die der Vierbeiner erfüllte.

Das folgende lösungsorientierte Modell soll helfen, präzise Ansätze ins Handeln zu bringen. Ein mögliches Endergebnis stelle ich Ihnen als Beispiel vor.

Notieren Sie folgende drei Fragen:

1. *Wen oder was habe ich verloren* (z. B. den Vornamen des Tieres oder ein Symbol, wie Wegbegleiter, Weggefährte, Vertrauter, mein Gegenstück, Anker, Lebensbegleiter, geliebt werden ...)? Diesen Begriff schreiben Sie in einen Kreis, in der Mitte eines DIN A4-Blattes.

treuer Weggefährte

2. *Was wurde nicht fortgeführt* (z. B. Spaß, Gemeinschaft, Nähe, Zärtlichkeit, regelmäßiges Gassigehen, Schutz, Liebe, Unterhaltung, Zugehörigkeit, Kommunikation, Gegenseitigkeit ...)?

Um den Kreis herum sammeln Sie nun das, was Ihnen konkret fehlt und tragen es in eine andere Form ein, z. B. ein gezeichnetes Viereck.

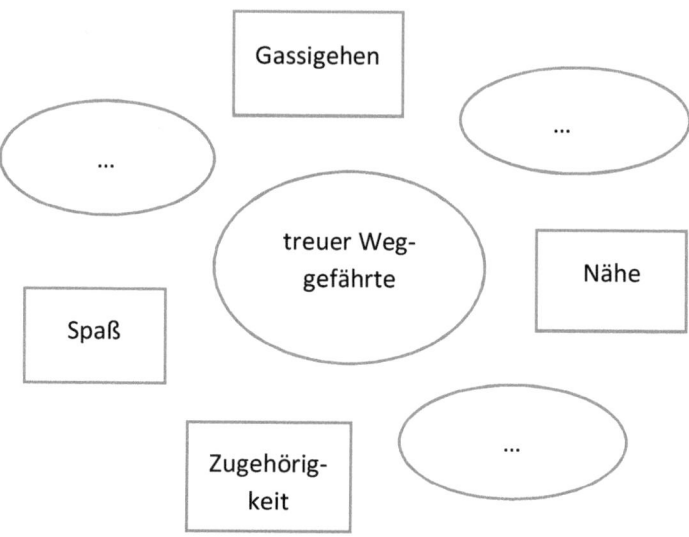

3. Was genau möchte ich fortführen, wie und evtl. mit wem? Ihre Möglichkeiten schreiben Sie neben die Vierecke in die ovalen Formen.

Bei „Gassigehen" entscheiden Sie sich vielleicht für einen Pflegehund oder einen aus dem Tierheim, vielleicht finden Sie Gefallen, wieder allein Laufen zu gehen. Bei „Zugehörigkeit" aktivieren Sie wieder Ihre Freunde, treten einem Verein bei ...

Bei „Spaß" schließen Sie sich einer Gruppe an, gehen Tanzen, besuchen einen Kurs ...

Der Fantasie sind keine Grenzen gesetzt. Lassen Sie Ihren Ideen freien Lauf – es ist ein Brainstorming. Dabei gilt: je mehr, desto besser. Was Sie letztendlich davon umsetzen werden, zeigen die Zeit und Ihr Wille.

Anfangs kann es schleppend sein, muss aber nicht. Vielleicht sprühen Sie ja regelrecht vor Energie, Mut und neuer Lebensfreude. Überfordern Sie sich nicht! Beginnen Sie mit kleinen Schritten. Nur das, was Ihnen möglich ist.

Ich würde mich freuen!

Mein Wunsch nach einem neuen Haustier

_____

_____

Menschen, die einen derart schweren Verlust eines Haustieres erleiden mussten, sehnen sich oft wieder nach Zuneigung, Gemeinschaft, Treue und der Liebe, die sie erfahren durften. Das ist nur zu verständlich, denn viele der sozialen und menschlichen Bedürfnisse wurden durch den Hausgenossen erfüllt.

Durch Unsicherheit und von Schuldgefühlen geplagt, fragen Sie sich immer wieder:

- Wie lange sollte und darf man warten?
- Wirst du überhaupt jemals wieder bereit sein?
- Was sagen die anderen?
- Wie könnte ich je meinen verstorbenen Hund ersetzen?
- Ich fühle mich schuldig, habe ein schlechtes Gewissen. Ist es Verrat?

Es gibt Trauernde, die bringen den neuen Welpen bereits mit zum Bestatter, wenn sie die Urne des verstorbenen Hundes abholen. Andere warten Wochen, Monate, Jahre. Manche entscheiden sich, nie wieder ein Haustier zu kaufen, um diesen Schmerz in der Zukunft zu vermeiden, den sie gerade erleiden.

Es gibt kein Patentrezept, keinen Königsweg, nichts, was allgemein gültig wäre! Hören Sie nur auf Ihr Herz, es gibt Ihnen die richtigen Impulse. Es muss für Sie stimmig sein, sonst für niemanden.

Denn, die einen sagen:

- *„Die Trauer muss erst abgearbeitet werden, um wieder Liebe zuzulassen."*
- *„Man kann ein Haustier durch ein anderes nicht ersetzen."*
- *„Das ist viel zu früh, reißt neue Wunden auf."*

Andere dagegen äußern:

- *„Eine neue Leidenschaft und Liebe kann über den Schmerz hinwegtrösten."*
- *„Es hilft dir, weiterzuleben."*
- *„Dein Leben hat wieder einen Sinn."*
- *„Das Liebesband bleibt trotzdem erhalten."*

Was ist richtig, was falsch? Wer könnte je darüber urteilen?!

Alles ist erlaubt, was Ihnen guttut und Ihr Herz wieder erwärmt. Die Liebe zu Ihrem verstorbenen Haustier endet nicht, nur weil Sie einem neuen Wegbegleiter ein Zuhause schenken.

Keine Sorge: Ihr verstorbenes Haustierchen würde wollen, dass Sie wieder glücklich sind. Moralisch ist das keineswegs zweifelhaft. Bitte reden Sie sich nichts ein und folgen Sie nur Ihrer inneren Stimme. Die Liebe bleibt dennoch bestehen! Sie wird eine andere sein, so wie auch Ihr neues Haustier. Das Liebesband zwischen Ihnen und Ihrem verstorbenen Wegbegleiter kann niemand durchtrennen.

Jeder Mensch hat das Recht, Liebe zu geben, Liebe zu empfangen und einen treuen Freund an seiner Seite zu haben. Sollten Sie sich noch nicht sicher sein, ob Sie dem emotional oder körperlich gerecht werden können, dann kümmern Sie sich zunächst um ein Tier aus dem Tierheim.

Ob kurz oder lang – alles hat seine Zeit!

Ein jegliches hat seine Zeit und alles Vorhaben unter dem Himmel hat seine Stunde:

Geboren werden hat seine Zeit, Sterben hat seine Zeit; Pflanzen hat seine Zeit, Ausreißen, was gepflanzt ist, hat seine Zeit

Heilen hat seine Zeit; Abbrechen hat seine Zeit, Bauen hat seine Zeit

Weinen hat seine Zeit, Lachen hat seine Zeit; Klagen hat seine Zeit, Tanzen hat seine Zeit

Steine wegwerfen hat seine Zeit, Steine sammeln hat seine Zeit

Herzen hat seine Zeit, aufhören zu herzen hat seine Zeit

Suchen hat seine Zeit, Verlieren hat seine Zeit; Behalten hat seine Zeit

Wegwerfen hat seine Zeit

Zerreißen hat seine Zeit, Zunähen hat seine Zeit; Schweigen hat seine Zeit

Reden hat seine Zeit

Streit hat seine Zeit, Friede hat seine Zeit; Lieben hat seine Zeit, Trauern hat seine Zeit

Übung: „Was ich dir noch sagen wollte ..."

Trauernde führen nach dem Tod oft Zwiegespräche mit dem verstorbenen Tier, denn es ist ihnen ein tiefes Bedürfnis, Gedanken mitzuteilen. Es fehlt nicht nur die Nähe, sondern zudem die Kommunikation, auch wenn das Haustier nie in unserer Sprache antwortete. So verstand es Sie doch verbal und nonverbal, reagierte entsprechend und war Ihnen ein guter Zuhörer.

Doch nun ergießt sich über Sie ein großes Schweigen, eine unerträgliche Stille – mitten im Leben.

Vieles bleibt ungesagt, unausgesprochen und formt sich zu einem Kloß in Ihrem Hals.

Wenn unsere aufgewühlte Seele aber kein Ventil bekommt, um etwas von dem Druck abzulassen, dann entsteht ein Gefühlsstau, der blockiert, die Lebensenergie bremst und den Heilungsprozess behindert.

Versuchen Sie folgende Fragen zu beantworten. Nutzen Sie diese Seiten oder übertragen Sie die Antworten auf ein separates Blatt.

Sie könnten sich einen Ort der Ruhe aussuchen oder evtl. gibt es ein Grab, an dem Sie Ihrem kleinen Wegbegleiter später Ihre intimen Gedanken vorlesen.

Ich danke dir ...

_____

_____

_____

_____

_____

Ein bisschen verüble ich dir ...

_____

_____

_____

_____

_____

Ich verzeihe dir ...

_____

_____

_____

_____

_____

Es tut mir leid ...

_____

_____

_____

_____

_____

Ich vergebe mir ...

_____

_____

_____

_____

_____

Ich vermisse dich ...

_____

_____

_____

_____

_____

Wo du sein könntest ...

_____

_____

_____

_____

_____

Übung: „Tränensee"

Es geht darum, nicht in der Erinnerung zu leben, sondern sich an dieses Leben zu erinnern und die Erinnerungen in das neue Leben zu integrieren

Wenn du magst, stelle dir vor, dass eine liebe Person, eine liebe Wesenheit, ihre Hand auf deine legt. Wenn du magst, kannst du dir auch vorstellen, dass dich ein lieber Mensch sanft umarmt.

Du hast Zeit, ganz viel Zeit.

Spüre deine Trauer und deine Tränen. Stelle dir vor, deine Tränen fließen langsam zu einem See, deinem eigenen See.

Schaue dir deinen See an: Ist er aufgewühlt? Oder ruhig? Peitschen die Wellen, oder ist sogar ein kleiner Orkan in der Mitte deines Sees? Schaue einfach nur ganz ruhig hin, und beobachte deinen Trauersee.

Schaue dir die Wellen an, wie sie das Wasser bewegen. Nimm dir viel Zeit, deine Augen auf deinem See ruhen zu lassen.

Und dann, wenn es für dich an der Zeit ist, beobachte, wie die Unruhe auf dem See sich langsam legt. Ganz langsam ... Beobachte, wie die Wellen ein bisschen kleiner werden und noch ein wenig kleiner. Schaue ganz ruhig zu, wie sich dein See in deiner Geschwindigkeit beruhigt.

Wenn dein See ruhiger geworden ist, werfe einen Blick an das Ufer deines Sees: Wie die Wellen an das Ufer gleiten und wieder zurück. Eine sanfte Wellenbewegung ... und noch eine ...

Denke daran, dass dein See wunderbare Schätze in sich trägt. Deine Tränen zeigen, dass alles noch da ist, was dir in der Vergangenheit geschenkt wurde. Auch die Glückstränen sind Tränen, die in deinen See geflossen sind. Die Glückstränen hatten ebenso wunderbare Schätze beherbergt, die nun auch der Vergangenheit angehören. Und all dies ist noch da, in deinem See. Spüre – wenn du kannst – ein wenig die Dankbarkeit, dass du diese Schätze erhalten hast. Vielleicht kannst du diese Dankbarkeit ein wenig erahnen?

Dann richte deinen Blick wieder ans Ufer deines Sees: Die kleinen Wellen am Ufer können einen dieser Schätze ans Ufer spülen. Schaue einmal an, was deine Wellen langsam ans Ufer befördern: dies kann eine Muschel sein, ein Herz oder irgendein Symbol, was dich mit dem geliebten Tier verbindet: eine Feder, ein Halsband oder etwas ganz Anderes, was nur du und dein See wissen.

Lass dir Zeit, bis das Symbol ans Ufer gespült ist. Dann hebe es auf und nimm es an dich. Es gehört dir. Nimm dieses Symbol mit, wenn du dich langsam wieder von deinem wunderbaren See entfernst. Wenn du magst, kannst du ganz langsam, in deiner eigenen Geschwindigkeit, zu deinem See zurückblicken. Vielleicht liegt er jetzt klar und ruhig vor dir?

Dann entferne dich von deinem See und kehre zurück. Spüre wieder die warme Hand auf der deinen oder den Schutz der Umarmung der geliebten Person. Fühle deine Trauer und auch die Dankbarkeit für all die guten Schätze, die das Leben für dich beinhaltete und noch beinhalten wird. Fühle dich ganz wohl und entspannt.

Genieße diesen Zustand solange du magst.

Und dann kehre zurück ins Jetzt. Schau dir deine Umgebung an, und sei wieder ganz da.

(gefunden auf Viabilia)

*****

Atemtechniken

Menschen atmen flach, wenn sie Angst haben. Wer sich erschreckt, dem stockt der Atem. Ist jemand gestresst, atmet er gehetzt oder flach.

Jeder seelische und jeder körperliche Zustand hat Einfluss auf die Atmung – egal, ob jemand schwere Kisten schleppt, joggt, davonläuft, schläft, traurig ist oder in den Wehen liegt. *Der Atem ist gewissermaßen ein Bindeglied zwischen Körper und Seele.*

Diese Beispiele zeigen, dass die Atmung viel über die Gefühlslage eines Menschen aussagt. Deshalb lässt sich eine bewusste Atmung auch nutzen, um Gemütszustand und Stimmung zu beeinflussen. Sie ist insbesondere beim Thema Entspannung ein zentraler Aspekt.

So gesehen ist der Atem ein sehr feiner Messfühler. Die Atemfrequenz hat großen Einfluss auf die Herzfrequenz: Wer ruhig durchatmet, dessen Herz pocht weniger.

Unsere Atmung dient als eine der lebenswichtigen Funktionen und läuft reflexartig ab, unbewusst, ohne dass wir bei jedem Atemzug daran denken. Andererseits sollten wir unserer Atmung ein wenig Aufmerksamkeit widmen, denn Atmen heißt Leben.

Statt frischen Sauerstoff in unsere Lungen fließen zu lassen, pumpen wir beim Atmen überwiegend verbrauchte Luft hin und her. Daraus kann folgen, dass wir Blut, Gehirn und Organe nicht ausreichend mit Sauerstoff versorgen.

Anstatt möglichen und wünschenswerten 50 Litern Luft pro Minute, atmen wir nur sieben bis zehn Liter ein. Dadurch muss das Herz mehr arbeiten, um den lebensspendenden Sauerstoff in alle Körperregionen zu transportieren, was nur teilweise gelingt.

Auf Dauer gerät unser Körper dadurch in eine Unterversorgungssituation, die Müdigkeit, Konzentrationsschwäche, Verspannungen sowie eine Herz-Kreislauf-Störung nach sich ziehen kann.

*****

Übung: „Atemtechniken"

Anleitung: Atmung mit synchroner Kopfdrehung (Sitzen)

Nimm eine aufrechte und bequeme Sitzhaltung ein. Die Wirbelsäule strebt nach oben und die Schultern hängen locker neben dem Körper. Das Kinn parallel zum Boden. Die Hände ruhen auf den Beinen.

- Nimm diese Sitzhaltung bewusst wahr. Lege deine Aufmerksamkeit auf deine Atmung
- Atme vorbereitend ein
- Mit dem nächsten Ausatmen drehe deinen Kopf langsam nach rechts
- Verharre in der Atemleere. Der Kopf bleibt dabei nach rechts gedreht
- Komm beim Einatmen zurück in die Mitte
- Verharre kurz in der Atemfülle
- Atme aus und drehe dabei nun den Kopf nach links
- Verharre in der Atemleere. Der Kopf bleibt dabei nach links gedreht

- Drehe den Kopf beim Einatmen wieder zur Mitte
- Verharre in der Atemfülle
- Wiederhole diese Sequenz vier- bis sechsmal.

Anleitung: Nasenlochübung (Sitzen oder Liegen)

- Halte das linke Nasenloch mit dem rechten Zeigfinger zu und atme vier Sekunden lang ein
- Danach schließt du das rechte Nasenloch mit dem Daumen, öffnest dabei das linke Nasenloch und atmest vier Sekunden lang aus
- Wiederhole diese Sequenz vier- bis sechsmal

Anleitung: Die Strohhalm-Atmung (Sitzen)

Für diese Atemtechnik benötigst du einen Strohhalm, den du so in den Mund nimmst, dass er parallel zum Boden gerichtet ist.

- Atme durch die Nase ein
- Durch den Mund bzw. durch den Strohhalm wieder aus
- Fühle dabei mit deiner Hand die Temperatur der ausgeatmeten Luft beim ersten und beim letzten Atemzug
- Wiederhole diese Sequenz vier- bis sechsmal

Anleitung: 4-7-8-Atemtechnik für einen ruhigen Schlaf (Sitzen oder Liegen)

- Atme vier Sekunden lang tief durch die Nase ein

- Danach hältst du die Luft sieben Sekunden lang an

- Atme dann acht Sekunden lang durch den Mund aus

- Wiederhole diese Sequenz vier- bis sechsmal

Anleitung: Y-Stellung (Stehen)

- Stelle dich aufrecht hin

- Platziere die Füße hüftbreit auseinander und strecke die Arme über den Kopf nach oben

- Du kannst dabei die Arme entweder in Schulterbreite hängen lassen oder sie weiter nach außen bringen, so dass eine Y-Position entsteht. In dieser Haltung zählst du in Gedanken bis fünf und atmest bei jeder Zahl tief durch die Nase ein. Bei jedem Einatmen spürst du wie sich die Rippenbögen erweitern

- Dann zählst du in Gedanken bis sieben und atmest bei jeder Zahl durch den Mund aus, bis die Lungenflügel vollständig entleert sind

Anleitung: Schiffschaukelübung für einen ruhigen Schlaf

- Atme ein und zähle dabei bis vier, atme aus und zähle auch hierbei bis vier. Wiederhole diese Übung fünfmal

- Atme nun etwas tiefer und zähle beim Ein- und Ausatmen jeweils bis sechs. Auch dies wiederholst du fünfmal

- Verlängere deine Ein- und Ausatmung nun noch weiter bis zur Zahl Acht und wiederhole auch dies fünfmal

Übung: „Atmen mit Bildern"

Wenn du Autoritätsprobleme hast (z. B. Angst vor einem Gespräch), dann stelle dir vor, dass du mit jedem Atemzug größer wirst und über deine Mitmenschen hinauswächst. Das Resultat ist direkt spürbar: Nach zwei bis drei Minuten bewusster Tiefatmung strahlst du ein Selbstbewusstsein aus, das du dir nie zugetraut hättest.

(Mr. Mindful)

✳✳✳✳✳

Literaturhinweise

Bödiker, Marie Louise und Monika Theobald: Trauer-Gesichter: Hilfen für Trauernde – Arbeitsmaterialien für die Trauerbegleitung (= Schriftenreihe Praxisforschung Trauer), der hospiz verlag Caro & Cie. oHG, Esslingen 2007.

Eckardt, Jo: Ich will dich nicht vergessen: Ein Begleiter durch die Zeit der Trauer und des Abschiednehmens, Gütersloher Verlagshaus, o. O. 2018.

Kachler, Roland: Hypnosystemische Trauerbegleitung: Ein Leitfaden für die Praxis, Carl-Auer-Systeme Verlag und Verlagsbuchhandlung GmbH, Heidelberg 2017.

Kast, Verena: Trauern. Phasen und Chancen des psychischen Prozesses, Kreuz Verlag, Freiburg im Breisgau 2015.

Kast, Verena: Sich einlassen und loslassen. Neue Lebensmöglichkeiten bei Trauer und Trennung, Verlag Herder GmbH, Freiburg im Breisgau, Basel und Wien 2015.

Rosenberg, Marshall B.: Gewaltfreie Kommunikation. Eine Sprache des Lebens, 12., überarbeitete und erweiterte Neuauflage, Junfermann Verlag, Paderborn 2016.

Im Tränensee schwimmen lernen

Trauer um Haustiere

Sie haben ein geliebtes Haustier verloren? Ihnen begegnen Gefühle wie Trauer, Sehnsucht, Ohnmacht, Schuld, Verzweiflung, Angst und Wut?
Sie stellen sich die Frage:
Wie kann ich weiterleben? Wie kann ich diese Lücke je füllen?

Dieses Buch nimmt Ihnen nicht Ihren Schmerz! Denn Trauer ist ein wichtiger Prozess und nicht zuletzt die Brücke zum verstorbenen Tier.

Das Buch begleitet Sie jedoch durch Ihre Trauer. Es hilft Ihnen dabei, zu verstehen und Erinnerungen wachzuhalten.